Plastikblumen

(Text+Musik:A.Philipzen)

Der Wi[illegible]en Duft
Und [illegible] nebenbei
Hu[illegible]puppt
[illegible]rubbt
[illegible] uns zwei
[illegible]rdörrtes Obst

A[illegible] – und du lobst die volle Zeit
Die[illegible]mmer reich bestellt – und was zerfällt
Komm[illegible]wie einmal zurück
Vielle[illegible] erinnert´s dann ein Stück
An uns aus einer fernen Welt

Du wirst lange, lange fort sein
Ich bin lang schon nicht mehr hier
Du wirst lange, lange fort sein
Wir sind lang schon nicht mehr hier

Mit einem Strauß verwelkter Blumen
Aus rotem Mohn und Chrysanthem
Lachst du mir zu, bevor du gehst
Es wird mich wärmen – spät im Jahr
Blüh´n Plastikblumen doch nicht schöner

Erster Flieder
(Text+Musik:A.Philipzen)

Ich sehne mich so sehr nach erstem Flieder
Und schau durch´s Schlüsselloch der Wohnungstür
Es tauen dann so langsam meine Glieder
Den Winter drängt´s ein bisschen vom Papier

Die Arme nackter Bäume seh´ ich frieren
Und wünsche ihnen grünes Wattekleid
Die Sonne sollt ein Sommerlicht probieren
Der Himmel hält schon länger Fastenzeit

Ein Fußabdruck von dir läuft in die Gassen
Vielleicht kommt dieser Fuß noch mal zurück
Mir bleiben deine Socken, die nicht passen
Nun sitz ich hier und vorne fehlt ein Stück

Am heißen Ofen schreib ich meine Lieder
Wärmte mich eins, ich gäbe viel dafür
Ich sehne mich so sehr nach erstem Flieder
Und schau durch´s Schlüsselloch der Wohnungstür

Und ich warte mit ´nem Loch im Strumpf
Und ich hoffe, dass es wird
Und ich warte, dass es bald vergeht
Und ich hoffe ohne Ende unbeirrt

Alles hat seine Zeit

(Text+Musik:A.Philipzen)

Eine Zeit der Krieger
Deren Zelte immer vor den Toren steh´n
Eine Zeit der Wunden und des Zorns

Eine Zeit der Heiler
Pflaster und Verbandes und auch voller Trost
Zeit die Scherbenfelder aufzuräumen.

Eine Zeit zum Gehen
Blumen sind begraben- Blumen sind zersägt
Zeit der leeren Vasen auf dem Tisch

Eine Zeit zum Kommen
Blumen ausgegraben - Blumen sind geklebt
Zeiten eines Blindflugs in die Nacht

Ich hab´ den Stern, der dir gebührt
Dreh in den Sturm mich ungerührt
Verbrenn die Nacht für dich
Und wach für dich
Gönn´ niemals Ruhe mir
Bändig das Tier in deiner Wut
Bleib´ für dich achtsam auf der Hut
Verfehlt´ ich dich
So macht´ ich weiter
Wie bis hier

Wenn ich wüsste
Wie die Zeit läuft
Hätt´ ich Schluchten und Gräben umwunden
Doch wenn ich´s wüsste,
Wär ich so wohl jetzt nicht hier
Wenn ich wüsste
Wie die Zeit läuft
Wär´ ich niemals dem Hoffen verbunden
Wenn ich´s wüsste
Käm ich niemals wohl zu dir

Die Flut

(Text+Musik:A.Philipzen)

Zeitenwende der Flut
Die Ebbe hatte Durst
Was blieb von dir
Als Strandgut treibt es rum
Eine Hand voll Wasserdunst
als letzten Gaumentrost
Dann stirbt mit deiner Zunge
auch das Wort

Das Land holt sich das Land zurück
Das Wasser lässt´s gescheh´n
Die Zeit nimmt
was zu dieser Zeit gehört

Sei bereit
Die Flut
Sei bereit
Sie kommt
Sei gewiss
Die Flut
Sei gewiss
Sie kommt zurück

Vom Himmel fällt
Ein Jubel jungen Glücks
Die Sonne zieht
Die Luft wieder ans Licht
Das Wasser holt
das Land zurück
Das Land lässt es gescheh´n
Die Zeit gibt
Was zu dieser Zeit gehört
Geflutet neuen Lebens
Überwältigt von dir selbst
Nun näh´ dir schon ein Segel
in die Welt

Sei bereit
Die Flut
Sei bereit
Sie kommt
Sei gewiss
Die Flut
Sei gewiss
Sie kommt zurück

Glück auf
(Text+Musik:A.Philipzen)
Gehen wir fort? Gehen wir fort?
Was hält uns an diesem Ort
Es ist wieder mal so weit
In die Welt - freies Geleit
Häng die Türen alle aus
Und schmeiß sie zum Fenster raus
Und dann trinken wir darauf
Und wir wünschen uns
Glück auf
Kommst du mit, oder nicht?
Bleibst du hier im Dämmerlicht?
Ich versenk schon mal im Klo
Unsere Bücher und wieso
Nehmen wir nicht gleich 'nen Hammer
Und zerschlagen all den Jammer
Und dann trinken wir darauf
Und wir wünschen uns
Glück auf

Kommst du nun? Bleibst du hier?
Oder hängst du am Klavier?
Ich zersäg es klitzeklein
Und den Tisch noch obendrein
Dafür wirfst du vom Balkon
Eben mein Akkordeon
Und dann trinken wir darauf
Und wir wünschen uns
Glück auf
Gehen wir fort? Gehen wir fort?
Das ist nicht mehr unser Ort
Halb gelebt ist nicht genug
Und ein ziemlicher Betrug
Wir verbrennen unsere Sachen
Endlich fängst du an zu lachen
Und jetzt trinken wir darauf
Und wir wünschen uns
Glück auf

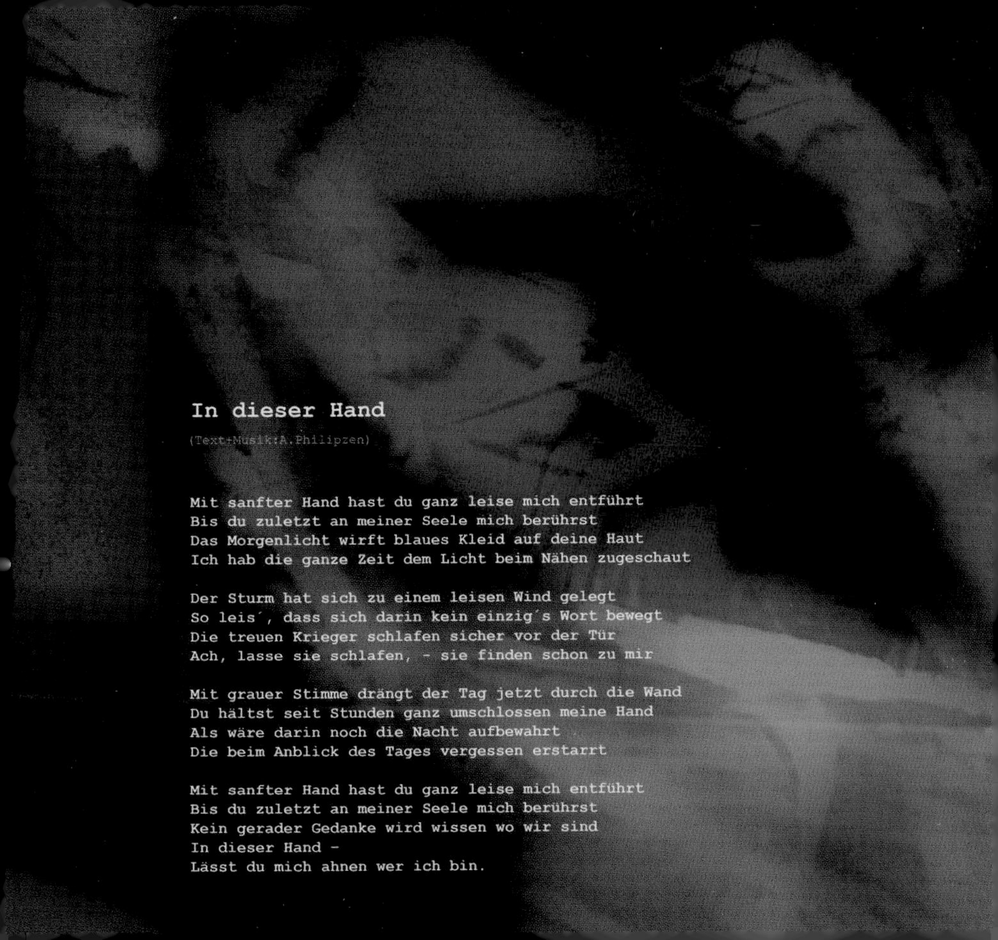

In dieser Hand

(Text+Musik:A.Philipzen)

Mit sanfter Hand hast du ganz leise mich entführt
Bis du zuletzt an meiner Seele mich berührst
Das Morgenlicht wirft blaues Kleid auf deine Haut
Ich hab die ganze Zeit dem Licht beim Nähen zugeschaut

Der Sturm hat sich zu einem leisen Wind gelegt
So leis´, dass sich darin kein einzig´s Wort bewegt
Die treuen Krieger schlafen sicher vor der Tür
Ach, lasse sie schlafen, - sie finden schon zu mir

Mit grauer Stimme drängt der Tag jetzt durch die Wand
Du hältst seit Stunden ganz umschlossen meine Hand
Als wäre darin noch die Nacht aufbewahrt
Die beim Anblick des Tages vergessen erstarrt

Mit sanfter Hand hast du ganz leise mich entführt
Bis du zuletzt an meiner Seele mich berührst
Kein gerader Gedanke wird wissen wo wir sind
In dieser Hand -
Lässt du mich ahnen wer ich bin.

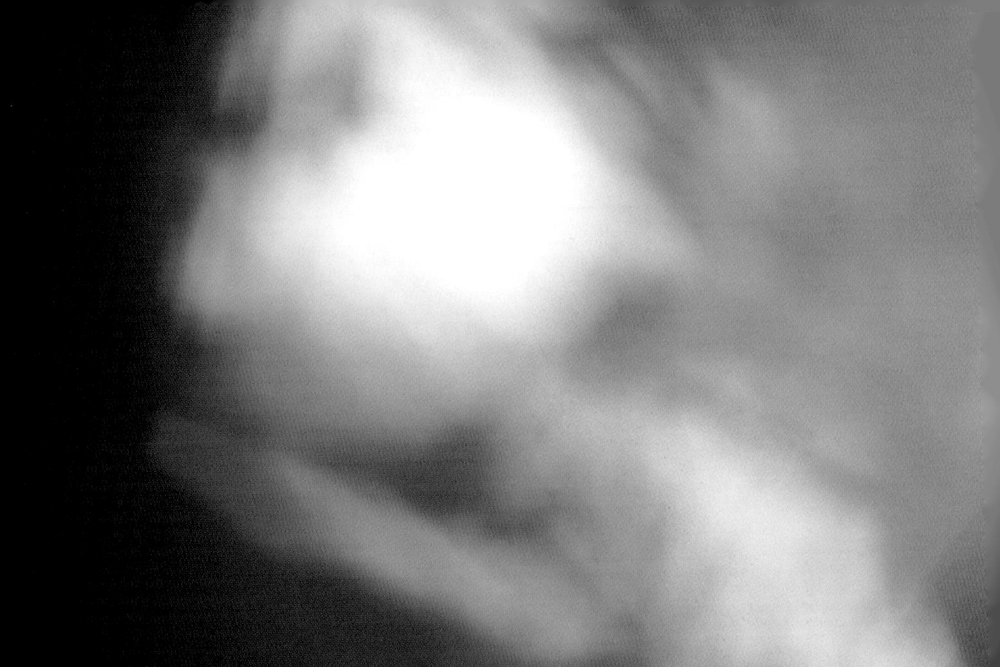

Wach auf

(Text+Musik:A.Philipzen)

Wache auf du Meine Schöne Wache auf du Wir sind da Sieh was die Nacht in blutroter Frühe gebar Wache auf du
Nun wach auf schon Wache auf du Und wandel im Licht Lösche die Fackeln Verlass dein nächtliches Gericht

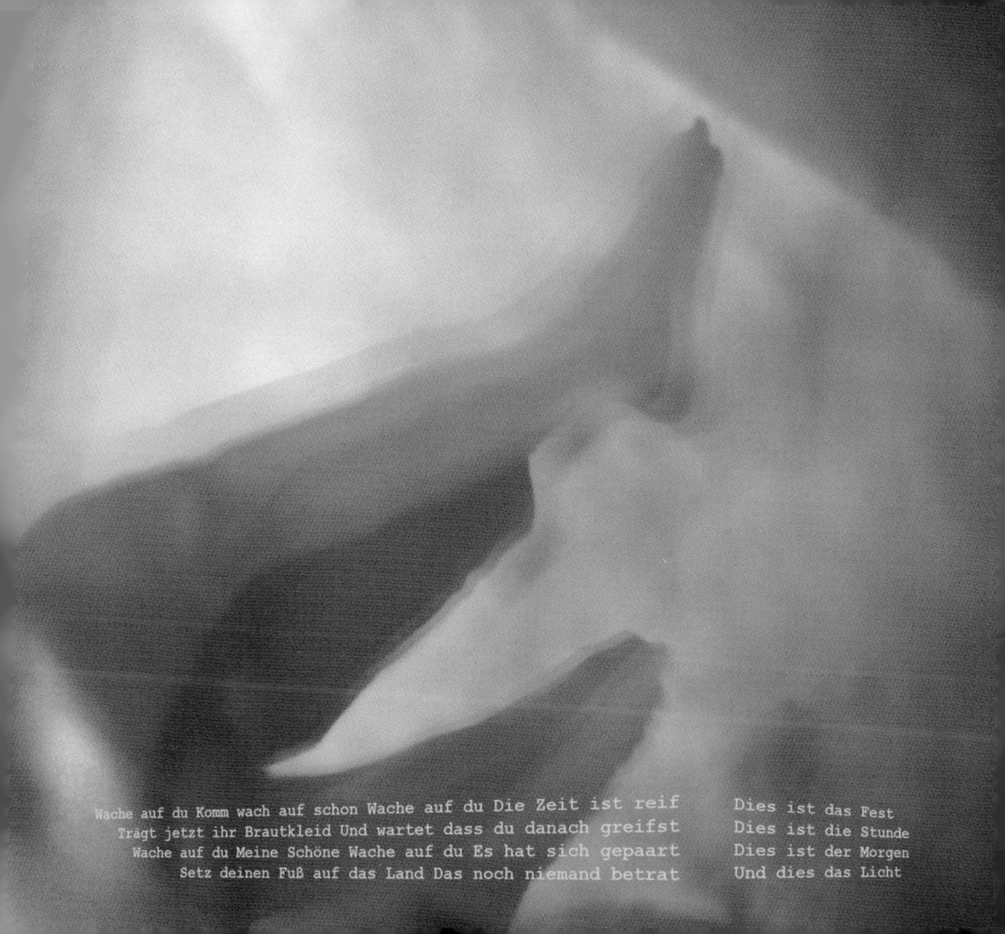

Wache auf du Komm wach auf schon Wache auf du Die Zeit ist reif
Trägt jetzt ihr Brautkleid Und wartet dass du danach greifst
Wache auf du Meine Schöne Wache auf du Es hat sich gepaart
Setz deinen Fuß auf das Land Das noch niemand betrat

Dies ist das Fest
Dies ist die Stunde
Dies ist der Morgen
Und dies das Licht

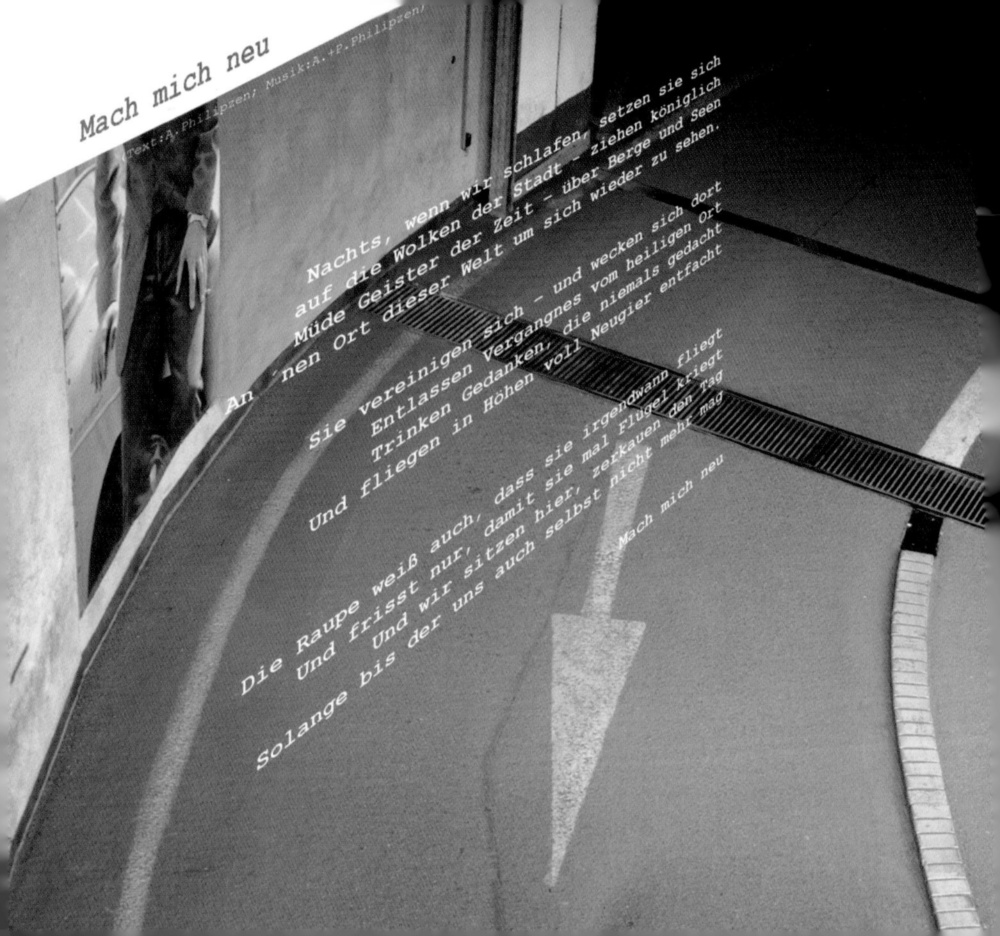

Mach mich neu

(Text:A.Philipzen; Musik:A.+P.Philipzen)

Nachts, wenn wir schlafen, setzen sie sich
auf die Wolken der Stadt - ziehen königlich
Müde Geister der Zeit - über Berge und Seen
An ´nen Ort dieser Welt um sich wieder zu sehen.

Sie vereinigen sich - und wecken sich dort
Entlassen Vergangnes vom heiligen Ort
Trinken Gedanken, die niemals gedacht
Und fliegen in Höhen voll Neugier entfacht

Die Raupe weiß auch, dass sie irgendwann fliegt
Und frisst nur, damit sie mal Flügel kriegt
Und wir sitzen hier, zerkauen den Tag
Solange bis der uns auch selbst nicht mehr mag

Mach mich neu

Du bringst mir den Klang mit
´nen einzigen Klang mit
Geräusch und Gesang
Du bringst mir den Klang

Du bringst mir ein Bild mit
Aus Wörtern ein Bild mit
Geformt und gefüllt
Du bringst mir ein Bild

Dann stellst du dir vor, dass Bäume sich Witze erzählen
Und wenn keiner hinschaut, spazieren gehen
Dass Ameisen niesen, nur keiner es hört
Die Milbe im Teppich in Liebe sich mehrt
Die Wiese die Kopfhaut der Erde ist
Das Schaf ihr Frisör, wenn es Gräser frisst
Der Mond jagt die Sonne- Er ist so verliebt
Und biegt sich voll Bauchschmerz, weil er sie nicht kriegt

Nachts, wenn wir schlafen setzt du dich
auf die Wolken der Stadt - ziehst königlich
Müder Geist dieser Zeit- über Berge und Seen
An ´nen Ort dieser Welt um dich wieder zu seh´n

Dann grüß ich den Morgen - ob König ob Zar
Ich hab schon vergessen, wer gestern ich war
Es lebe der Tag, es brenne sein Licht
Ich halt es und forme ein neues Gedicht
Mach mich neu

Dieser Tag

(Text:A.Philipzen: Musik:P.Philipzen)

Dieser Tag, der für vieles zu schön ist
Wie ein saftiger Kirschbaum mich rief und aufging
Ist ein Tag der schönen Gedanken
Die nur gepflückt und gegessen sein wollen
Und dann:
Denk ich an Kaffee mit fünf Löffeln Zucker
An deinen Brief - er kam über's Meer
An kleine Freuden von kleinen Gesichtern
Was noch nicht ist, das erfind' ich heut mir
Welch ein Tag!

Dieser Tag, der zum Zuschauen zu schad' war
Und die Leute versammelt, als gäb's was umsonst
Ist ein Tag der sanften Begierde
Ein Abgesang an die Sparsamkeit:
Komm, wir machen ein Picknick im Garten
Lass uns schwirren draußen im Feld
Komm und falle mit mir durch die Jahre
Lass uns bauen aus diesem Tag eine Welt

Dieser Tag
Der sein Licht durch die Stadt wirft
Ist für ein bis zwei Winter genug
Dieser Tag
Dem die Worte nicht reichen
Dieser Tag ist einfach wunderbar
Dieser Tag, den ich mag
Dieser Tag ist ein Guter

Sie sitzt auf dem Mond

(Text:A.Philipzen; Musik:A.+P.Philipzen)

Sie sitzt auf dem Mond Und legt sich ihr Haar
Und kann mich hier unten nicht sehn Und hätte ich Flügel
Ich flög zu ihr rauf Doch würde sie das nicht versteh'n
D'rum sing ich nachts ihr Lied

Dort oben ist kalt Sie strickt ihr Gewand
Aus Wünschen, die sie nicht berühren
Und könnt ich ihr sagen Wo es warm ist und schön
Sie ließe sich dorthin nicht führen
D'rum sing ich nachts ihr Lied

Rosmarin, Jasemin und Zimt Im Duft von einem Sommer schenk ich dir
Ich mal ´nen goldnen Vogel Und schick ihn dir ins Ohr
Er soll dir bitte singen, wo ich bin
D´rum sing ich nachts ihr Lied

Sie ist die Freude meiner Nacht Hat sie zum Trottel mich gemacht
Sie bleibt mein tägliches Geleit Ich würd´ mit Blumen sie bestreun
Mit Samt und Seide sie erfreu´n Kein Weg wär´ meinem Fuß zu weit
Doch sie sitzt auf dem Mond Und legt sich ihr Haar
Und kann mich hier unten nicht sehn Und hätte ich Flügel
Ich Flög´ zu ihr rauf Doch würde sie das nicht versteh´n
D´rum sing ich nachts ihr Lied

Es geht schon

(Text:A.Philipzen; Musik:alea)

Da stehst du, wie damals ich selber war
Mit´ nem Koffer zur Hand und der Freiheit im Haar
Du fragst mich, wie´s geht, - ich weiß nicht
Doch es geht schon

Mit ´ner Karte im Kopf und dem Kompass zur Hand
Hab´ich alles geplant - bin losgerannt
Aus der Tür in die Welt, die mir immer schon so gut gefällt

Es geht schon

Hab´mein Luftschloss gestrichen
Zehn Flügel dran
Fünf Rohre dazu - kilometerlang
Ich flog - ich stürzte und tauchte damit manchmal tief

Und jetzt stehst du, wie damals ich selber war
Mit´nem Koffer zur Hand - der Freiheit im Haar
Und du fragst mich, wie´s geht, - und ich weiß nicht
Doch es geht schon!

Es geht schon,
Nun geh´ schon!